Questions Réponses autour de l'angoisse de la séparation

MANGO

Dr Françoise Ceccato
Un pédiatre à la maison

Questions Réponses autour de l'angoisse de la séparation

MANGO

Sommaire

Présentation de l'auteur

Pédiatre, le docteur Françoise Ceccato a fondé l'un des premiers centres pédiatriques pluridisciplinaires. **Elle accompagne enfants et parents selon l'approche narrative.** En s'appuyant sur son expérience, elle milite pour une parentalité épanouie car du bonheur des parents dépend aussi celui des enfants !

Pourquoi j'ai choisi une approche narrative dans l'exercice de mon métier de pédiatre ?

La pratique narrative aide à « être en écoute » plutôt que « d'être en réponse ». Elle « honore » les compétences des enfants et de leurs parents, elle met sous les projecteurs leurs espoirs, leurs intentions et leurs rêves grâce aux questions dites « influentes », mais surtout bienveillantes.

Avec cette approche, la consultation offre des outils pour nourrir la confiance en soi des enfants et de leurs parents. Elle a été développée par Mickael White et David Epston dans les années 80 en Australie et en Nouvelle-Zélande. Elle se fonde sur notre aptitude à fabriquer dès notre plus tendre enfance et en permanence des histoires pour donner du sens à tout ce qui nous arrive.

Comment cela se passe-t-il ?

Une question arrive sur la pointe des pieds, sans faire de bruit, avec juste ce qu'il faut d'espièglerie pour dire « *et si … ?* », ou « *Que penses tu que … ?* ». L'espace d'un instant, plus ou moins long, le temps est suspendu et surgit l'inattendu par lequel chacun apprend de l'autre et sur lui-même.

Découvrir le trésor (retirer le couvercle de ce qui est caché) est le très bon moment : plaisir de la surprise, de se sentir plus riche, d'avoir été capable de trouver par soi-même le chemin …

Comment concilier approche médicale et approche narrative ?

Être médecin, c'est être détenteur d'un savoir, et d'un pouvoir. Savoir chercher et reconnaître des signes qui permettent le diagnostic d'une maladie, et pouvoir soigner, apaiser les douleurs, les blessures et si possible les guérir. Savoir prévenir et pouvoir empêcher les maladies. La mission du pédiatre est de protéger la santé et le bien-être de l'enfant. L'approche narrative est un outil puissant pour accomplir sa mission.

Comment cela se traduit dans mes livres ?

J'ai voulu que mes livres rassemblent toutes les informations pratiques utiles aux parents bien entendu mais je tenais aussi à ce que la parole des enfants comme celle des parents ait une place privilégiée. Car c'est en écoutant et en laissant s'exprimer mes petits patients et leurs parents que je puise les fondements de ma pratique. Être à l'écoute de l'enfant fait partie intégrante des soins et c'est une source inépuisable de ressources pour les parents.

Il parait qu'il s'agit de puériculture. Il s'agit surtout de livres plein d'histoires sur les petits pour que les grandes personnes apprennent à les comprendre : cela fera plaisir à Antoine de Saint Exupéry et à son Petit Prince...

Introduction

De 0 à 3 ans, votre petit enfant va apprendre à vous connaître. Petit à petit, il va s'attacher à vous, ses parents, à ses frères et sœurs, à sa famille proche et aux personnes qui s'occupent de lui.

Cet « attachement » affectif est sa base de sécurité : conscient d'être aimé et que quelqu'un veille sur lui, il peut avancer vers l'inconnu et partir à la découverte de son environnement. D'après son père, le petit Mattéo, 10 mois, est un marathonien d'exception : à 4 pattes, il est capable de faire 10 tours de salon et même de filer en cuisine en quelques minutes. Blotti dans ses bras, il me sourit pendant que je pose le stéthoscope sur sa poitrine.

Toutefois, pour qu'il soit en confiance avec moi, et qu'il accepte que je le prenne à mon tour dans les bras, il me faudra attendre plusieurs mois, probablement ses 3 ans… moment pour lui d'expérimenter les bancs de l'école. Il aura alors acquis l'assurance qu'il est en sécurité avec moi, comme avec d'autres, même s'il me connaît peu. Il aura de plus en plus confiance en lui. Nous allons voir comment il y parvient.

Avant 1 an

Dès sa naissance, et même avant, l'enfant se nourrit d'amour

» **L'être humain se construit au contact des autres.** Pour se développer dans les meilleures conditions, votre enfant a besoin d'établir un solide attachement à ses parents et aux personnes qui en ont la charge. C'est sa base de sécurité, grâce à laquelle il part explorer son environnement avec confiance. Il teste ce qu'il peut faire tout seul et quand il a besoin d'aide. C'est ainsi qu'il devient de plus en plus autonome.

L'enfance est la fondation sur laquelle se bâtit l'adulte. Un enfant ne peut se développer seul. La présence de l'autre, biologiquement, est nécessaire. **C'est le temps pris pour un enfant qui construit l'adulte qu'il sera :** chaque jour offre des moments privilégiés comme la toilette, le repas sans écran, la promenade, etc.

« Ça m'a manqué les gestes de tendresse de mon père. C'est vrai que je ne prends pas souvent Guillaume (mon fils) dans mes bras et que je me souviens du jour où je me suis dit qu'il était trop grand pour les câlins. Pourtant la tendresse est une petite clé du bonheur du quotidien. »

Citation de *La libraire de la place aux Herbes*
d'Éric de Kermel, éd. Eyrolles.

Boris Cyrulnik a montré que les enfants isolés, privés d'adultes, ou en carence affective, ont une atrophie de certaines zones du cerveau (atrophie du cerveau limbique et des lobes pré-frontaux) qui disparaît quand ils sont placés dans un milieu chaleureux.

Face à l'inquiétude de sa fille, une maman rassure :
« Tu es toujours mon enfant !
– Bien sûr, et je ne veux pas changer de famille ».

Maëlle, 4 ans.

Qu'est-ce que l'attachement ?

» C'est le lien affectif avec une personne qui fait qu'on recherche d'elle la sécurité ou la proximité en cas de détresse. C'est ce lien particulier, sélectif, que l'enfant établit avec un adulte qui génère le sentiment de sécurité. On parle de figure d'attachement principal, ou « figure maternante ». En général, il s'agit de la mère, mais ce peut être le père, une mère adoptive ou toute personne qui sait répondre de façon appropriée aux signaux de l'enfant, qui prend soin de lui de façon continue, constante, stable, chaleureuse, et surtout qui est accessible quand l'enfant est inquiet. **2/3 des enfants sont sécurisés par cette figure d'attachement dès l'âge de 10 mois** (*voir L'avis du spécialiste, p.18-19, 37 et 62-63*).

À leur tour, un grand frère ou une grande sœur peuvent répondre aux besoins d'un bébé. Yanis et Louise ont chacun 3 ans et savent déjà faire. Il sait décoder les pleurs de sa petite sœur : « *Elle a peur…* ». Et elle sait rassurer son petit frère : « *Calme-toi, mon petit cœur, mon bébé d'amour, Nini est là* » et bébé Arthur sourit !

Aînés et bébés se nourrissent du bain sensoriel partagé : regards, paroles et vocalises, câlins, etc. L'expérience de ces premiers attachements est un éveil à la vie qui s'inscrit dans le cerveau.

Qu'est-ce que la sécurité émotionnelle ?

» **L'enfant s'attache à la personne disponible pour lui et avec qui il se sent bien.** Dès l'instant où il est sécurisé sur le plan affectif (« secure », disent les professionnels), il s'intéresse à ce qui se passe autour de lui. Son cerveau est une extraordinaire « machine à apprendre ». Il se transforme à chaque seconde : entre 0 et 2 ans, il fabrique à toute vitesse des connexions entre ses neurones tout en se débarrassant de la moitié d'entre eux. Il réagit en permanence à ce qui l'entoure, faisant collaborer des milliards de neurones à la moindre stimulation (bruit, odeur, couleur, sensations, toucher, etc.). Génétique et environnement interagissent, le second prenant le pas peu à peu sur le programme génétique, d'où la responsabilité des adultes dans l'éveil d'un enfant.

« *Donnez de l'affection à un enfant abandonné, ses connexions synaptiques pousseront comme du blé qu'on arrose* »

Boris Cyrulnik,
Votre cerveau n'a pas fini de vous étonner,
collectif, éd. Albin Michel

Son environnement social et affectif influence aussi la sécrétion de molécules cérébrales, la myélinisation (fabrication de substance blanche autour de l'axe des neurones) et l'axe neuroendocrinien qui régulent le stress. Plus votre enfant est jeune, et plus ses émotions lui sont incontrôlables. C'est normal et même capital pour son développement. Il a besoin de votre aide quand il est submergé par ses émotions. Elles vous renseignent sur ses besoins. Quand elles sont agréables, vous savez que ses besoins sont satisfaits. Quand elles sont désagréables, elles indiquent des souhaits ou des besoins non satisfaits.

LE CONSEIL DU PÉDIATRE

Chercher d'abord à comprendre avant d'être compris pourrait être une devise de maître Yoda !

L'attachement dans la petite enfance

Être attaché à son enfant, c'est juste une évidence pour parler d'amour, cet amour si singulier qui relie un parent et un enfant. Mais derrière cette expression, qui recoupe tant de définitions, il y en a une, qui nous révèle une clé fondamentale, dans la construction d'un enfant, qui va devenir ensuite adulte.

Pour John Bowlby, le pédopsychiatre anglais qui a développé cette théorie dans les années 1960, être attaché, c'est « être dans une situation de détresse et avoir besoin de l'aide d'un autre plus sage et plus fort qui est censé apporter cette aide ».

Le bébé ne peut survivre sans la présence d'un adulte auprès de lui. La construction des liens d'attachement, avec les adultes qui s'occupent de lui, va lui permettre de comprendre qu'il peut compter sur une personne sécurisante, dans son environnement. Cette personne, appelée **figure d'attachement,** va pouvoir le protéger et le réconforter. Il va donc, dès la naissance, développer des stratégies de comportement, pour obtenir la proximité de cette figue d'attachement si une situation de peur se présente à lui.

Dans les premiers mois, il va pleurer ou vocaliser (signaux d'attachement), puis avec le développement psychomoteur, il pourra se déplacer vers sa figure d'attachement.

La construction de ces liens n'est pas instinctive. Ils se constituent au fil du temps et des expériences que vit le bébé, avec les différentes personnes qui s'occupent de lui (parents, grands-parents, assistante maternelle, référente de crèche, etc.).

C'est au cours de trois étapes que ces liens vont s'établir dans la petite enfance. La première se déroule entre la naissance et le 3e mois. Le bébé va réaliser pendant cette période, que certains adultes dans son environnement vont prendre soin de lui, le réconforter et le rassurer, en cas de danger. Cependant, il ne pourra encore pas les différencier et ne dirigera donc pas ses signaux d'attachement vers telle ou telle figure.

L'avis du spécialiste

De 3 à 9 mois, il va alors réaliser que les adultes de son entourage ne sont pas tous sécurisants et va petit à petit construire des liens privilégiés, avec certains d'entre eux. Puis jusqu'à 3 ans, il va stabiliser ces relations établissant alors sa « base de sécurité ».

La compréhension de la construction des liens d'attachement, entre un enfant et son parent, ou entre un enfant et les personnes qui s'occupent de lui, va nous permettre de comprendre que l'enfant a un besoin fondamental pour se construire, se développer de manière harmonieuse et explorer le monde : **le besoin de sécurité émotionnelle.** C'est à nous, adultes peuplant son environnement, à veiller à être **cohérents, prévisibles et stables,** afin qu'il puisse s'appuyer sur le cadre offert par cette sécurité pour s'épanouir et se réaliser.

Dr Anne Raynaud-Postel, psychiatre Adultes-Enfants directrice et fondatrice de l'Institut de la Parentalité.

Bébé s'ouvre au monde

» Après un 1er mois consacré à répondre aux besoins primaires du nouveau-né, à tenter de se reposer, le 2e mois constitue une nouvelle étape. Les échanges sont plus évidents, les capacités de l'enfant à communiquer se sont améliorées. Il tente maintenant de suivre un objet des yeux, émet des vocalises, est capable de sourire volontairement.

En famille, les aînés se sont habitués au nouveau venu et ont pu constater que leurs parents avaient un cœur assez grand pour aimer tous leurs enfants.

Parallèlement, la maison s'ouvre plus facilement aux autres membres de la famille, aux amis car bébé semble moins fragile. Les sorties sont plus aisées.

Les uns et les autres apprennent à vivre ensemble, constituant, en quelque sorte, son premier réseau social !

Se séparer dans de bonnes conditions

» **Qu'il s'agisse d'un choix contraint ou délibéré, l'émotion est au rendez-vous.** Après avoir choisi son mode de garde et posé les jalons souvent bien avant la naissance de bébé, un autre défi s'offre à vous: **comment être prêt(e) le jour J ?**

Voici quelques idées qui ont aidé des parents à passer ce cap :

- se préparer « techniquement » en faisant par exemple le trajet avec bébé jusqu'à la crèche ou la nounou, la semaine qui précède la reprise du travail ;
- expliquer positivement à votre bébé les raisons de cette séparation, le sens que cela a pour vous ;
- vous appuyer sur l'expérience du père qui ne bénéficie pas d'un congé aussi long, la plupart du temps, et sait déjà partir et revenir ;
- respecter les temps d'adaptation : au mieux 15 jours où vous habituerez l'enfant à ses nouveaux horaires, où vous le laisserez progressivement de plus en plus longtemps chez la nounou ou à la crèche ;
- laisser le père accompagner son enfant si la séparation est difficile ;
- organiser votre quotidien pour être disponible lorsqu'il est avec vous ;
- vivre cette étape comme une phase d'apprentissage pour vous et pour votre bébé : il découvrira d'autres personnes capable de s'occuper de lui.

Les modes de garde

La régularité avant tout

» Votre enfant peut avoir plusieurs lieux de vie où il passe ses journées : son « chez lui » et « chez nounou », à la crèche ou à l'école, voire d'autres lieux où il se rend régulièrement, comme chez papi et mamie. Le mot régulièrement (du latin *regula* : règle) a toute son importance : votre enfant sera sécurisé par des journées et des semaines avec des horaires assez fixes, des lieux habituels qu'il connaît bien, des routines bien installées.

Qu'est-ce qui existe en France ?

» Deux systèmes se côtoient pour accueillir de jeunes enfants en dehors de chez eux : individuel, où le parent est employeur de la personne qui garde son enfant, ou collectif, où le parent rémunère un service qui emploie du personnel pour s'occuper de son enfant.

Chaque mode de garde est soumis à des règles précises, mais le choix est parfois restreint : peu de places en crèche publique ou associative, pourtant plébiscitée par les familles. **En France moins d'un enfant sur dix est accueilli en crèche,** alors qu'au Danemark c'est plus d'un sur deux.

Accueil chez une assistante maternelle

» L'accueil des enfants de moins de trois ans est assuré essentiellement par les assistant(e)s maternel(le)s, appelé(e)s communément « nounous ». Les nounous exercent principalement à leur domicile avec un agrément accordé par le service de protection maternelle et Infantile (PMI). Cet agrément est délivré pour cinq ans sur des critères précis : sécurité du logement, place suffisante et organisation pour accueillir un certain nombre d'enfants (de 1 à 4, plus par dérogation), ses conceptions éducatives, l'idée qu'elle se fait de la place des parents qui confient leur enfant, l'acceptation de son conjoint et de ses enfants, **sa disponibilité, son aptitude à communiquer,** l'acceptation de la formation obligatoire.

Une nounou à la maison

» C'est une solution adoptée par de nombreux citadins ne disposant pas de places en crèches ou chez une assistante maternelle. Le fait que la personne exerce chez vous n'en fait pas une « employée de maison » à proprement parler. Les tâches ménagères ne doivent pas prendre le pas sur l'intérêt de l'enfant. Assurez-vous de son expérience ou de sa formation, soyez clairs sur les temps de travail, les vacances, etc.

Vous pouvez aussi avoir recours aux « auxiliaires parentales » proposées par les agences spécialisées à temps plein ou à temps partiel.

La garde partagée

» Employer seuls une personne à plein temps grève sérieusement le budget. Aussi, nombreux sont les parents qui optent pour la garde partagée. **Les enfants sont gardés alternativement chez l'une ou l'autre des familles.** Chaque famille signe un contrat de travail distinct avec elle.

Cela suppose que les domiciles se trouvent à proximité, une certaine entente et un accord explicite sur les missions confiées à la nounou. Mais le système a fait ses preuves et créé des amitiés inébranlables entre les enfants !

Une collaboration « sous contrat »

» Quelque soit le mode de garde individuel, vous allez devenir employeur de la personne qui s'occupe de votre enfant. Ce qui suppose de bien s'informer et de respecter le droit du travail et les conventions collectives.

Choisir sa nounou

Bébé n'est pas encore arrivé qu'il faut déjà choisir la personne à qui le « laisser » : pas évident quand il s'agit de son premier enfant. À qui faire confiance ? Mon instinct m'a guidée vers celle qui me ressemblait le plus et chez qui je m'étais sentie le mieux lors des entretiens. J'ai vite mis une croix sur la nounou qui sait tout : « C'est mon métier depuis 20 ans, les parents n'ont rien à m'apprendre ! », ou celle qui avait un salon impeccablement rangé avec zéro jouet en vue. J'ai choisi celle qui m'a reçue simplement, offert une tasse de thé. Sa maison était impeccable avec des jouets dans tous les coins. Elle parlait de son métier avec passion.

Quelles questions poser en entretien ?

Demandez-vous ce qui est important pour vous dans l'éducation de votre enfant. L'alimentation ? Les jeux en plein air ? La présence d'autres enfants ? La flexibilité ? Si vous avez des horaires non fixes et de la route à faire, mieux vaut une nounou qui ne compte pas ses heures à 5 minutes près. Pour ma part, je voulais être sûre que mon enfant irait dehors tous les jours et n'aurait pas la télé allumée en permanence.

Les premiers temps, la nounou m'a envoyé régulièrement des photos de mon bébé, pour me montrer ce qu'il faisait et qu'il s'amusait, afin que je puisse travailler en toute tranquillité. C'est un lien qui m'a beaucoup aidée. J'ai aussi vu ses enfants à elle prendre soin de mon « petit bout » et l'intégrer dans la famille. Aujourd'hui, je suis convaincue que c'est bien sa deuxième famille, d'ailleurs il l'appelle « Mamou».

Aurélie, maman d'Edgar, 18 mois.

Qu'est-ce qu'une MAM ?

» En 2010, naissaient les Maison d'Assistant(e)s Maternel(le)s, une nouvelle façon d'accueillir les enfants. Des assistant(e)s maternel(le)s agréé(e)s, au maximum quatre, se regroupent dans un local différent de leur domicile, et adapté au bien-être des enfants. Chacune peut accueillir 1 à 4 enfants simultanément. Sophie, infirmière, a choisi la formule MAM pour ses jumeaux : « J'ai signé une délégation d'accueil qui permet à une autre assistante maternelle de la MAM d'assurer la continuité si la mienne est absente (malade, en retard, en formation ou en congés). C'est une petite collectivité. Mes jumeaux sont traités comme les autres, chacun a son prénom écrit sur son lit et sa chaise, ou son étagère à lui. Chacun se sent unique. » Elle a trouvé cette formule sur le site facebook : « Tu sais que tu es parent de jumeaux quand... » truffées d'astuces. Avec humour, les mères s'y décrivent comme des PDJ (parents de jumeaux) à défaut d'être des PDG !

Qu'est-ce qu'un RAM ?

» C'est un Relai d'Assistant(e)s Maternel(le)s, dédié aux enfants, parents et professionnels de la petite enfance.

Agnès a quitté son métier de commerciale pour devenir assistante maternelle :
« Au sein du RAM, j'ai trouvé ce qui me manquait le plus de mon ancienne activité : une équipe (…) sortir de l'isolement, rencontrer d'autres professionnels. (…) Et toujours se poser cette question : quel est le besoin de l'enfant ? »

Les RAM ont des missions définies par la caisse d'allocations familiales : informer gratuitement sur les droits de chacun(e), aider dans la rédaction des contrats entre parents et assistant(e) maternel(le) et conseiller. Julie aime s'y rendre une fois par semaine avec ses petits protégés : « J'y rencontre les autres nounous. C'est un bon moment, une sorte de respiration dans la semaine. Les petits apprécient de se retrouver et profitent des animations souvent proposés : éveil musical, corporel, artistique, etc. »

« Quand mon papa est pas là, je saute pas de joie. Mais quand mon papa est là, je saute de joie ! »

Arthur, 2 ans et demi.

L'avis du **spécialiste**

Devenir assistante maternelle

Pour certains parents, les qualités recherchées ne sont pas forcément celles qu'ils attendent une fois le quotidien installé. Et à aucun moment, chose incroyable, il ne m'a été demandé d'aimer leur enfant. Pourtant, consoler, dorloter, soigner, protéger, sont des synonymes et il est plus naturel d'être « maître d'apprentissage » si l'enfant se sent en situation de confiance. Après plusieurs années, j'ai pris conscience que j'exerçais un vrai métier : plus que gardienne ou même nounou, assistante maternelle. Savoir se remettre en question et toujours se poser cette question : quel est le besoin de l'enfant ? Au sein du RAM, j'ai trouvé ce qui me manquait le plus dans mon ancienne activité : une équipe, où l'échange de pratique est primordial. **J'exerce un métier unique, inconnu dans beaucoup de pays et qui permet de trouver un équilibre entre vie familiale et travail.** Notre maison est à la fois un foyer, un abri, un accueil de jour et un site de travail. Comme dans n'importe quel métier, aimer son activité permet de s'épanouir. J'adore ma profession, elle m'apporte tout ce que je veux y mettre : de la créativité, des rires, du partage, des joies, des tristesses et les larmes qui vont avec, de grandes réussites, des petites victoires, des tentatives de record du monde et des câlins à n'en plus finir.

Agnès, assistante maternelle, présidente de l'association Galipette.

Comment faire en cas de conflits entre assistante maternelle et parents ?

» Un contrat de travail proposé généralement par l'assistante maternelle est établi avant l'accueil de votre enfant. Il doit être bien lu : montant du salaire et date de paiement, gestion des jours fériés et des vacances, horaires de garde et flexibilité, indemnités de repas et d'entretien.

Il arrive que des assistantes maternelles se plaignent que le contrat ne soit pas respecté (salaire non versé, contrat non respecté, retards systématiques, etc.) ou que les parents leur manquent de respect et il n'est pas rare que cela entraîne une convocation devant les prud'hommes réputés statuer en faveur du salarié, une véritable épreuve pour les parents !

De leur côté, les jeunes parents peuvent se sentir démunis devant les exigences de certaines assistantes maternelles ou nourrices, en cas d'absences et d'arrêts de travail injustifiés à leurs yeux, ou pour des négligences envers leur enfant. Leur seul recours est souvent le retrait de leur enfant, avec un licenciement de leur salariée, ce qui est une décision difficile à prendre tant sur le plan humain qu'administratif. Chaque mois, vous devez rémunérer votre assistante maternelle agréée et déclarer sa rémunération au centre national Pajemploi. Le centre national Pajemploi établit le bulletin de salaire et le met à disposition de votre salariée sur son compte en ligne.

Quelles options pour un mode d'accueil collectif ?

» Les modes de garde collectifs ont la faveur des familles, représentant une grande sécurité, une meilleure socialisation, l'assurance que leur enfant sera gardé (en dehors de la fermeture annuelle de la crèche) et l'absence des contraintes administratives d'employeur. Malheureusement, le nombre de places en crèche en France est très inférieur à la demande.

Comment est-ce organisé ?

Les structures d'accueil collectif ont de 10 à 120 places. Elles sont gérées par des collectivités territoriales (municipalités, communautés de communes, département), par des associations (de parents, familles rurales, autres associations) ou elles sont privées (entreprises de crèches ou crèches d'entreprises, d'hôpitaux, d'administrations, etc.).

Des textes de loi très précis encadrent leur création, leur fonctionnement, leur personnel, et leur direction. Elles doivent avoir un agrément du service de PMI. Le fonctionnement général de toutes ces structures doit être le même, le personnel est bien défini et doit comporter des professionnels diplômés de la petite enfance : éducatrices de jeunes enfants, auxiliaires de puériculture, infirmières puéricultrices.

Toutes (sauf cas particulier) peuvent percevoir des prestations de service de la CAF, ce qui diminue le coût pour les parents. Les parents payent l'heure de garde selon leurs revenus et le nombre d'enfants de la famille (barème CAF). Les crèches privées sont parfois plus onéreuses.

Qu'est-ce qu'un mode de garde alternatif ?

» Il existe des écoles Montessori du nom de l'initiatrice d'un modèle éducatif basé sur l'autonomie, la confiance et la curiosité d'apprendre. Il existe des crèches qui fonctionnent sur le même principe ou s'en inspirent : on parle alors de modes de garde alternatifs. Ces structures, souvent privées, sont soumises à la même réglementation que les autres.

TRUCS ET ASTUCES

- Le site de la CAF mon-enfant.fr est une mine de renseignements sur tous les modes d'accueil de la petite enfance sur un territoire donné.
- Le RAM (relais d'assistantes maternelles) a la liste des assistantes maternelles agréées pour des horaires particuliers (la nuit) ou pour accueillir des enfants handicapés.
- Quel que soit le mode de garde prévu, votre enfant sera plus à l'aise si une période d'adaptation lui est proposée : vous restez avec lui les premiers jours, puis de moins en moins longtemps.
- Il sera rassuré s'il y a un rituel quand vous le quittez et quand vous le retrouvez, et si son doudou l'accompagne.

PARTAGE D'EXPÉRIENCE

La séparation, l'affaire de toute une vie

Léopold est arrivé avec 1 mois d'avance. Les 3 premiers mois, je l'avais constamment contre moi, dans une écharpe. Je vivais comme une épreuve de laisser d'autres personnes prendre mon fils dans leurs bras – mis à part mon mari. Je sentais ma poitrine se serrer, je me malaxais les doigts, j'étais prête à bondir au moindre signe de mon bébé. Il avait pourtant, l'air de très bien le vivre, il pouvait dormir dans les bras de n'importe qui.
Quand il a eu 4 mois, j'ai repris le travail. Il m'est toujours difficile de reconnaitre que j'avais hâte de recommencer, de ne plus m'en occuper 24h/24h, 7j/7j, d'avoir un minimum de vie sociale et de penser un peu à moi. À la fin de mon congé maternité, lorsque je pensais à tout cela, j'avais le sentiment d'être une « mauvaise » mère.
L'entrée à la crèche comme la reprise de mon travail se sont pourtant très bien passées. Autant pour lui que pour moi. Aucun pleur à la crèche, ni durant l'adaptation ni durant les semaines qui ont suivi.
Mais au 5e mois, je me suis mise à pleurer « sans » raison. Mon fils me manquait, dès que j'avais un moment de flottement au travail, je versais quelques larmes à la moindre occasion. Je ne sais pas ce qui a été l'élément déclencheur.
En fait, je crois que je culpabilise de le laisser si longtemps à la crèche, surtout quand c'est le premier arrivé et le dernier à partir de sa section. Quand on rentre à 18h30 à la maison et qu'à 20 h, il dort profondément, il ne reste plus beaucoup de temps. Léopold est tout fatigué de sa journée et donc moins dans l'échange. J'ai l'impression de passer à côté de tant de moments uniques, d'autant que c'est l'âge où tout l'intéresse, il change à une allure folle, est de plus en plus dans l'interaction. Il ne reste que les week-ends, si peu sur toute une semaine !

Le 5e mois a aussi été la période où il a commencé à dormir dans sa propre chambre. Quand, avec mon mari, nous avons pu passer notre première nuit seuls, cela a été un vrai déchirement. Qu'est-ce que j'ai pu pleurer le premier soir ! J'éprouvais le besoin physique de l'avoir contre moi, de pouvoir le serrer.

Quelques jours avant la reprise du travail, il avait refusé le sein à quelques reprises et était donc passé au biberon sans aucune pression. Je suis contente que la transition vienne de lui et n'ait pas été imposée par les circonstances ou tout autre raison extérieure. Mais l'arrêt de l'allaitement n'est pas si facile pour moi !

J'ai réalisé que la séparation était et allait être l'histoire de toute une vie, la séparation charnelle à la naissance, la reprise du travail, l'arrêt de l'allaitement, dormir dans sa chambre, puis pour plus tard l'entrée à l'école, la première petite amie, le départ pour les études, un éventuel mariage, de possibles déménagements,... Mais, même si je sais que ces séparations sont nécessaires pour retrouver et chercher un équilibre entre la femme, l'épouse et la mère, elles n'en restent pas moins très douloureuses.

Sarah, maman de Léopold, 18 mois.

Qu'est-ce qu'une crèche parentale ?

» Les crèches parentales sont des associations loi 1901 mais sont soumises aux mêmes règles de fonctionnement et de sécurité que n'importe quelle autre crèche. La direction est assurée obligatoirement par une puéricultrice ou une éducatrice de jeunes enfants. Les parents sont impliqués dans la gestion de la crèche, les recrutements, l'alimentation, les animations, etc. Ils doivent également assurer à tour de rôle la surveillance des enfants en collaboration avec les professionnels.

Ce mode de garde séduit parce qu'il permet de connaître parfaitement l'environnement de l'enfant, de connaître et être connu des autres enfants, de participer aux activités. En revanche, il n'est pas le plus économique et demande une certaine disponibilité.

L'avis du spécialiste

L'accueil en crèche et l'attachement

Notre enfant est né, il y a moins de trois mois, et nous devons nous préparer à le confier à la crèche. Nous avons le sentiment qu'il est si fragile et qu'il a besoin surtout de nous. Nous pensons que nous sommes les seuls à pouvoir le protéger et le réconforter. Nous savons qu'il commence seulement à différencier les figures d'attachement mais que désormais plusieurs adultes vont l'entourer.

Mais le temps est venu de lui faire rencontrer d'autres personnes qui s'occuperont bien de lui. Comment le préparer à cette étape, avec son cerveau immature et son besoin de sécurité émotionnelle ? Les mots n'auront pas de résonnance pour lui et seules les expériences émotionnelles instantanées vont le guider dans son vécu.
Alors, il est important d'être très attentif, à la période d'adaptation. Elle va permettre à l'enfant de reconnaître, soit en présence de son parent, soit lors d'une courte séparation, qu'il y a aussi dans son nouvel environnement, un adulte qui prend soin de lui et qui peut le sécuriser.
La présence d'une ou deux référentes pour accueillir votre enfant sera facilitante. Il pourra ainsi plus aisément repérer sa « base de sécurité » dans cet espace jusqu'alors inconnu. Ce qui ne l'empêchera pas de pleurer, et c'est normal, car il doit se séparer de la personne qui habituellement le réconforte. Il a besoin de temps, pour trouver cette même sécurité avec « une étrangère ».
La formation des professionnelles des crèches, à la théorie de l'attachement est essentielle face à ces enjeux.
L'application de la théorie de l'attachement au mode de garde, inviterait, comme dans certains pays (Canada, Suède) à confier les enfants plus tardivement, pour être plus ajusté à ses besoins de sécurité émotionnelle.

Dr Anne Raynaud-Postel, psychiatre Adultes-Enfants, directrice et fondatrice de l'Institut de la Parentalité.

Le congé parental

» Près de 2,5 millions de femmes ont choisi de rester à la maison, au moins la première année de vie de leur enfant. La plupart avaient d'autres enfants en bas âge, et/ou un salaire moyen insuffisant pour motiver la séparation précoce avec son ou ses enfants. Elles prenaient un congé parental de 3 ans.

De leur côté, les pères n'étaient que 4 000 à avoir pris cette option. Ce constat a incité l'État à se montrer plus directif au nom de la parité : depuis 2017, pour que le congé parental dure 3 ans, **le père doit prendre à son compte une part de ce congé sur une durée de 6 mois minimum.** Une gageure, quand on connaît la différence salariale entre hommes et femmes et la faible allocation attribuée aux parents !

PARTAGE D'EXPÉRIENCE

J'ai été homme au foyer

Lorsque nous nous sommes rencontrés, ma femme, Judith finissait de longues études tandis que je travaillais dans l'hôtellerie depuis longtemps. Au début, j'assumais la majeure partie de la dépense du ménage, puis quand elle est entrée dans la vie active, très vite, son salaire a dépassé le mien.
Elle est tombée enceinte rapidement. Nous étions heureux, mais pour moi, élevé par une mère au foyer, il n'était pas question de voir partir notre bébé en crèche à 2 mois et demi !
Nous avons pris le temps de réfléchir, de calculer notre budget, de réviser nos besoins pour que je prenne le statut d'« homme au foyer » ! J'ai travaillé jusqu'à la fin de son congé maternité et pris le relais.
Les premiers temps, je ne me suis pas rendu compte de l'impact que ce passage aurait sur ma vie. J'étais heureux avec ma fille, je prenais le temps, me trompais souvent dans les tâches ménagères... mais ma femme ne se montrait ni jalouse ni maniaque.
Bref, nous étions plutôt sereins... il fallut en revanche expliquer sans cesse notre choix aux amis qui me voyaient pour toujours exclu de la société... « Tu ne retrouveras jamais de travail... tu regardes les séries l'après-midi ?... ça ne te manque pas la paye à la fin du mois ? » J'ai douté mais nous avons tenu bon.
Quand Élodie a été en âge d'entrer à l'école, mon métier étant comme on le dit « sous tension », je n'ai eu aucun problème à retrouver du travail. En revanche, j'avais construit une complicité avec ma fille que je souhaite à beaucoup de pères et... de mères.

Didier, papa d'Élodie, 5 ans.

Quel mode d'accueil privilégier ?

» Une fois bien informés sur toutes les possibilités, les parents doivent choisir. Et la tâche peut être difficile !

Chaque mode d'accueil a ses qualités, l'idéal serait de pouvoir en changer en fonction de l'âge de l'enfant. C'est rarement possible. L'assistante maternelle offrira une prise en charge très individualisée, souple, très adaptée au rythme du tout petit enfant. Moins exposé, il aura moins de risque d'attraper des infections ORL et pulmonaires. Quand il aura 1 an, surtout s'il n'a pas de frères et sœurs, il aura besoin d'aller vers les autres dans un mode d'accueil collectif, au moins une partie de la semaine, il pourra alors combiner assistante maternelle et crèche. Enfin vers 2 ans, l'accueil « collectif seul » le préparera bien à l'entrée à l'école maternelle. S'il est chez une assistante maternelle, des sorties au RAM, à la ludothèque ou à la bibliothèque sont une bonne préparation.

Nounou complice,
Nounou délice
Elle raccommode
mes petits malheurs
Avec le fil de la douceur
Pour faire un tissu de bonheur

Comment savoir si le mode de garde choisi lui convient ?

» Certains enfants ne supportent pas la collectivité. D'autres, de santé fragile, seront trop souvent malades à cause de toutes les infections qui « tournent » dans une crèche et il sera préférable qu'ils soient accueillis chez une assistante maternelle. Et tous ceux qui ont besoin d'être entourés de pairs, de jouer avec d'autres enfants auront intérêt à vivre en collectivité.

Comment se faire aider ?

» En cas de problème avec un mode d'accueil, le mieux est de prévenir le service de PMI (Protection Maternelle et Infantile). Les parents craignent en alertant la PMI de perdre leur place en crèche et en quittant une nounou d'être convoqués devant les prud'hommes pour licenciement abusif (mythe ou réalité ?). Pourtant, c'est un bon moyen pour faire évoluer une situation insatisfaisante ou dangereuse. Une des missions de la PMI est de s'assurer de la qualité de l'accueil de votre enfant. En cas d'inquiétude de votre part et à condition de l'en avertir, elle vérifiera en toute confidentialité la qualité de cet accueil. S'il y a manquement avéré, l'agrément de l'assistante maternelle ou de la crèche peut être retiré.

L'avis du spécialiste

Matin chagrin

Il arrive que des matins soient « chagrin » et des soirs « cauchemar ». Matin et soir sont les moments que j'appréhende le plus, parce que je ne sais pas comment va réagir l'enfant quand ses parents le quittent le matin ou quand ils viennent le chercher le soir.
Chaque matin pour certains enfants, c'est la séparation d'avec les parents qui est difficile. Des fois, ils partent en « cachette» ou très vite, mais c'est une chose à ne pas faire. Il faut une douce transition pour se dire au revoir et prendre le temps de rassurer les parents ainsi que l'enfant.
Chaque soir, l'enfant va retrouver ses parents, c'est l'heure des retrouvailles, mais des fois ça tourne au cauchemar. Le petit est en train de jouer avec ses copains à un super jeu et il entend la sonnette : « Oh non ! » se dit-il. C'est le moment où il fait des caprices et fait des choses qu'il n'a jamais faites de la journée. Comment rassurer les parents ? Ce n'est pas toujours évident pour leur enfant de quitter le lieu où il vit sa journée. Et parfois aussi, c'est le contraire qui se passe. Et là, c'est moi qui ne me réjouis pas trop de voir l'enfant courir vers ses parents, se presser à mettre son manteau et ses chaussures : je me dis « Oups, quelque chose ne va pas » et « L'enfant est-il bien chez moi ? ». C'est maintenant moi qui ai besoin d'être rassurée et ce n'est pas facile à accepter !

Carla Gil, assistante maternelle.

« Carla, pour te remercier de la journée, tu peux me donner un bonbon ? »
Johanne, 4 ans.

Comment préparer son bébé au nouveau mode de garde ?

» Quel que soit son âge et son expérience de la séparation, il a besoin de temps pour s'adapter. Qu'il soit en crèche, en garderie ou chez l'assistante maternelle, il vous sera proposé un « temps d'adaptation », variable selon les structures. L'idée est que chaque jour, généralement pendant une ou deux semaines, votre enfant passe un peu plus de temps avec son parent jusqu'à ce qu'il y reste seul, une heure, puis deux, puis quatre, etc. L'objectif de cette adaptation est de créer des liens entre lui et les personnes qui s'occuperont de lui, et permet à chacun (enfant, parent, professionnel) d'apprendre à se connaître. Le carnet de liaison est également un outil utile aux parents et aux professionnels.

TRUCS ET ASTUCES

- Réfléchissez le plus tôt possible au mode de garde et à vos choix personnels sur la question.
- Interrogez vos amis et entourage dont les expériences seront riches d'enseignement.
- N'ayez pas peur de vous tromper. Les besoins de la famille peuvent changer ainsi que le mode de garde de l'enfant.
- Si vous allaitez, les premiers temps de la séparation au moins, conservez une tétée le matin ou le soir.
- La PMI est une bonne ressource de conseils et d'informations.

Expérience des premiers mois

« Super-nounou »

Notre premier mode de garde est celui d'une « super nounou ». De bon conseil même si, d'après elle, je ne suis pas une « bonne mère ». C'est vrai qu'avec son expérience pro et perso (3 enfants), elle en connaît beaucoup sur les enfants. Elle aime notre fils qui le lui rend bien, le divertit sans télé, lui apprend plein de trucs et fait même des cadeaux pour la Saint-Valentin. Du fait d'une opération et de son arrêt de travail de six mois, nous passons en trois semaines de «super-nounou» à la crèche d'entreprise.

De nounou à la crèche, en urgence

L'adaptation à la crèche se fait en 1 h (express), le temps pour Louis de « voler » la sucette de Nina et de voir qu'un garçon a le même doudou que lui et là ça a été le drame. Obligée de partir de la crèche avec un petit bonhomme (21 mois) hurlant sous le bras ! Après l'angoisse de « Qui va garder mon fils ? » vient celle qui dit « Oups ! Ce n'est pas gagné, il va passer son temps à les taper ». Les débuts sont durs : pleurs tous les matins pendant deux mois. Les « Maman ! » mouillés de larmes me restent dans la tête ! Puis le déclic à Noël, il a une petite copine et chaque matin, c'est gros câlin à Maya. En mai, la crèche organise une semaine portes ouvertes. Nous participons aux activités : psychomotricité, lecture, peinture corporelle, etc. Voir son enfant avec d'autres enfants, assister et participer aux activités, c'est rassurant. C'est ce qui va me manquer à l'école : ne pas savoir ce qu'il s'y passe !

Virginie, maman de Louis, 2 ans et demi.

POUR ALLER PLUS LOIN

Côté parents

- *Sous le signe du lien, une histoire naturelle de l'attachement*, Boris Cyrulnik, Éd. Fayard, 2010.
- *Votre enfant de 1 à 3 ans*, Anne Bacus, Éd. Poche Marabout, 2008.
- *Le Guide du PAF*, Martial Maury, Éd. Grancher, 2015.

À consulter

- www.mon-enfant.fr, le site des allocations familiales.

Côté enfant

- *Mon livre de la crèche*, Nathalie Choux, Éd. Milan, 2011.
- *Mon imagier des petits savoirs*, Xavier Deneux, Éd. Tourbillon, 2012.

Quand tout est chamboulé

Comment donner du sens au changement ?

» Dès son premier jour, la vie de votre enfant est en changement constant. Son corps se développe, ses capacités augmentent dans tous les domaines et ses besoins évoluent. Autour de lui se met en place une organisation qui, elle aussi, est en mutation constante.

Parfois l'école de la vie fait son entrée avant la maternelle, avec au tableau noir les changements imprévus, les rythmes sens dessus-dessous, les repères qui n'en sont plus, nounou « en panne » et les parents qui n'en peuvent plus. Heureusement on peut y dessiner à la craie blanche les doudous qui s'emportent partout, et aux craies multicolores les nouveaux copains qui arrivent dans la vie, toutes les personnes prêtes à aider quand le moral est au plus bas et surtout les bras réconfortants des parents.

Prendre du temps pour se préparer aux changements permet aux parents et aux enfants de les aborder plus sereinement. Parfois ce n'est pas possible. Mais dans tous les cas, votre enfant a besoin d'explications : comment va être la nouvelle organisation, avec qui, et pourquoi. **Le changement aura du sens pour votre enfant quand il comprendra en quoi il a du sens pour vous,** pour votre travail, ou pour le mettre dans un endroit que vous trouvez plus adapté pour lui. S'habituer à une nouvelle situation demande du temps. Peut-être dormira-t-il davantage, ce qui est un bon moyen pour s'adapter, ou à l'inverse aura-t-il des réveils plus fréquents pouvant traduire de l'inquiétude ?

Comment savoir si son enfant s'adapte aux changements ?

» Les changements peuvent être compliqués pour lui comme pour vous.

De son côté, il a besoin d'être reconnu dans ce qu'il vit : il peut être triste de ne plus voir son assistante maternelle, de changer de lieu de vie, de ne plus avoir ses repères. Pour dire quels sont ces besoins, il a son propre mode de communication plus ou moins facile à décrypter. **Que cherche à dire votre enfant quand il pleure, crie, s'oppose dès l'arrivée à la crèche ou chez nounou ?** Quand il ne dort plus la nuit depuis son entrée à l'école ? Quand il est malade tous les huit jours depuis qu'il est en crèche ? Qu'il réclame biberon et sucette ?

Comment l'aider quand c'est compliqué ?

» L'accompagner dans ces changements, mettre des mots dessus ou encore lire des histoires ne suffisent pas toujours. Les professionnels de la petite enfance aident à décoder cette communication qui se passe de mots. La guidance parentale avec un(e) psychologue est un bon moyen d'identifier ce qui tracasse un enfant et de l'accompagner vers ce monde de « grands ».

Qu'est-ce qui est nécessaire au bon développement de votre enfant ?

» Favoriser l'expression de ses émotions est essentiel pour qu'il se construise et pour qu'il fasse connaissance de lui-même. La plupart des adultes ne sont pas capables d'exprimer leurs émotions. Face aux interdictions de les exprimer lorsqu'elles étaient jugées comme négatives : « Arrête de pleurer ! Va faire ta colère ailleurs ! », aux humiliations, aux punitions, ils ont appris à les inhiber et ne savent plus exprimer la tristesse, l'inquiétude, la colère, etc. Ils se sont déconnectés de leurs ressentis pour ne pas souffrir. **Pouvoir parler de ce qui nous inquiète, de ce qui nous met en colère est fondamental.**

Qu'est-ce qu'un doudou ?

» **Le doudou est « l'objet transitionnel », celui qui fait le lien entre votre enfant et vous, celui qui console des chagrins :** il n'a pas besoin d'être beau, mais juste d'être là pour rassurer. Plus il est « raplapla », plus il est plein d'histoires. Il ne sent pas toujours très bon : est-ce son odeur qui éloigne les soucis de votre petit ? Le doudou se présente sous de multiples formes, couleurs, textures, petite peluche ou bout de tissu. Votre enfant le reconnaît mieux que personne !

Quelle est la place de doudou dans ces changements?

» **C'est le compagnon de route idéal.** Le perdre est un écho de la séparation, vécu comme un drame. Pour ne pas se trouver dans cette situation, votre enfant peut avoir deux doudous : l'un pour la maison, et l'autre pour les sorties.. Ce dernier peut être le même que le précédent (une sorte de cousin de doudou) et sa perte est un risque accepté. Avoir une paire de doudou de la même marque que le doudou de la maison permet de les introduire comme doudou de voyage pour préparer l'entrée à l'école. Dans certaines familles, en dehors des doudous réservés au dodo, il n'y a pas de doudou attitré à un enfant, mais un foulard (porté par leur mère quand ils sont bébés), remplacé chaque semaine, ne créant pas d'habitude avec un seul et même foulard.

Pourquoi le doudou est-il si important pour mon enfant ?

» Pour lui, le doudou c'est un peu vous. Il est ce lien qui l'aide à supporter les moments où il est séparé de vous. C'est un peu lui aussi : il le touche, le frotte contre son nez, sent son odeur, et se reconnaît en lui. Tous ses chagrins, tous ses soucis, c'est le doudou qui les a compris. Dans les moments difficiles, c'est un véritable allié. La visite chez le médecin est plus rassurante si le doudou est admis dans le cabinet.

C'est dou dou dou, c'est da da da
Je lui raconte des histoires
Il n'a pas besoin d'y croire
Et avant de s'endormir
On se fait de gros sourires
C'est mon doudou préféré
On n'se quittera plus jamais
Le doudou mon doudou rien qu'à moi

Henri Dès

TRUCS ET ASTUCES

- Nomination par votre enfant du doudou de la maison et du doudou de voyage.
- Préparer 6 mois avant la rentrée le doudou de l'école.
- Sites pour doudou perdu : www.sosdoudou.com et http://inspecteurdoudou.net/

Le doudou et les chiffons

Pour ce qui est du doudou, je partage volontiers une astuce que nous avons réussi à instaurer pour Luca (mais pas pour Cloé pour une raison que j'ignore).

Luca a ses doudous officiels, qui ne sont autorisés à quitter la maison qu'exceptionnellement : voyage long, vacances, visite anticipée compliquée (dentiste, vaccin...). Dans tous les autres cas (nounou, sortie familiale, école, etc.) c'est un de ses doudous de voyage qui nous accompagne. Il a choisi des doudous de voyage comme il avait choisi ses doudous officiels (lapins faciles à suçoter) et leur perte est un risque acquis et accepté.

Pour Cloé, nous avons acheté une paire de doudous de la même marque que les doudous officiels et commençons à les introduire comme doudous de voyage pour préparer la rentrée à l'école maternelle. Dès lors, les vrais doudous n'ont plus le droit de quitter la maison. Pour l'instant, le test est mitigé : elle accepte, en doudou de voyage, le 3e exemplaire de ses vrais doudous (celui qui ressemble à un doudou mais qui n'en est pas un) !

Carine, maman de Luca, 5 ans et Cloé, 2 ans.

POUR ALLER PLUS LOIN

- *Est-ce que tu m'aimeras encore ?*, Catherine Leblanc & Ève Tharlet, Éd. Minedition, 2014.
- *J'ai oublié de te dire je t'aime*, Miriam Moss & Anna Currey, Éd. Père Castor, Flammarion, 2006.
- *Ma maman et moi*, Tadao Miyamoto, Éd. Mango, 2009.
- *Mon papa et moi*, Tadao Miyamoto, Éd. Mango, 2009.
- *À ce soir !*, Jeanne Ashbé, Éd. l'école des loisirs, 1998.

L'école

À l'école avant 3 ans ?

» Les enfants qui atteignent 3 ans avant la fin de l'année commencent leur scolarité en petite section de l'école maternelle. Ceux qui ont 3 ans en décembre sont les plus jeunes de la classe : il peut y avoir jusqu'à un an de différence entre les enfants d'une même section.

Il n'est pas encore propre : peut-on lui refuser l'accès à l'école ?

L'acquisition de la propreté est requise ou au moins doit être amorcée, et les « accidents » sont en général tolérés la première année. **Les niveaux de langage sont très différents d'un enfant à l'autre :** les uns parlent « comme un livre », d'autres ne disent rien et d'autres encore « baragouinent ». Il est fréquent de voir des progrès en langage spectaculaires dès les premiers mois d'école.

Que penser de la rentrée décalée dans l'année ?

» Certaines écoles proposent aux plus jeunes enfants qui ne semblent pas encore prêts pour l'école une rentrée en décalé, par exemple en janvier. L'enseignant est alors plus disponible pour eux. Il n'y a pas de crainte qu'ils soient rejetés, les enfants jouent les uns à côté des autres plus qu'ensemble, la notion de groupe étant en construction.

Existe-t-il des classes pour les enfants entre 2 et 3 ans ?

» La scolarité étant autorisée à partir de 2 ans, certaines écoles maternelles se sont adaptées pour accueillir ces très jeunes enfants, en pleine construction de leur langage et de leur identité, avec des besoins spécifiques à leur âge, notamment en termes de sommeil, de rythme dans la journée et d'attention à sa personne.

Les consignes de groupe sont difficiles à comprendre avant l'âge de 3 ans, ce qui nécessite une pédagogie adaptée au tout-petit. Lucas, qui est entré à l'école à 29 mois, y va le matin : une fois son tablier mis, il aime faire la cuisine et participe aux activités qu'il ne finit pas toujours mais la maîtresse trouve que c'est bien quand même. Sa mère en congé maternité a trouvé cette solution pour lui proposer la collectivité stimulante à moindre coût.

C'est la rentrée : l'émotion de Maëlle, bientôt 3 ans, est palpable et ses mots s'enchevêtrent : « et va là y est » et sa maman de traduire « On va y aller ! »

L'entrée à l'école avant 3 ans

Stage intensif de préparation à l'école maternelle

Dans un mois, Louis (2 ans et demi) va entrer à l'école, mais il faut qu'il soit propre (et on en est loin). Nous sommes inquiets : il fatigue beaucoup, mange peu le matin, ne sait pas se faire comprendre par la parole. Il sera moins entouré qu'à la crèche, les grands risquent de lui faire du mal et de le rejeter. Vite, on achète *T'choupi va à l'école*.

La pré-rentrée

La directrice de l'école nous parle propreté (ce qui sera le cas une semaine avant la rentrée), du peu de suivi des enfants, des amplitudes horaires (garderie, TAP – Temps d'activité périscolaire –, etc.). Louis n'ira plus chez sa mamie le mercredi. Pourra-t-il être dans la même classe que son copain de chez la nounou ? Elle va voir ce qu'elle peut faire.

Avant-dernière étape : l'entrée à l'école

Enfin, c'est le grand jour, ça fait plusieurs mois qu'on le préparait : pas une phrase sans le mot « grand » ou « école » ou « t'es plus un bébé » ou « tout seul ». Louis est impatient, nous sereins. Ouf ! Il est dans la même classe que son petit copain. Les deux premiers jours : super. Mais dès le 3e, Louis pleure « Maman, ne me laisse pas... », en langage codé.

Étape finale : de nouveau, s'organiser !

Je repars dans les réflexions : laisser Louis si jeune à l'école de 8 h à 18 h, cinq jours par semaine, est difficile. J'en parle à sa nounou : pourrait-elle reprendre les enfants ? Elle propose du périscolaire. Mon fils irait à l'école de 8 h à 16 h, serait cocooné par ses soins jusqu'à 18 h, vivrait à son rythme pendant les congés et le mercredi après-midi. Merci nounou !

Virginie, maman de Louis, 2 ans et demi.

Comment le préparer ?

» Quel que soit son âge, votre enfant a besoin de savoir en quoi le fait qu'il aille à l'école est important pour lui et pour vous, cela l'aidera dans cette grande étape de sa vie où il sent bien qu'une page est tournée : il quitte définitivement le monde des bébés, sa vie va être désormais très différente.

« *Préparer un enfant à entrer à l'école, c'est avant tout mettre des mots sur ce qu'il va vivre.* » Dr Myriam Szejer.

Et se préparer soi-même au cas où tout se passerait très bien ?

» Quelle surprise pour cette mère : elle s'attendait à voir son fils pleurer le premier jour de classe et non pas à le voir si content d'aller enfin à l'école comme sa sœur et courir au fond de la classe. Un moment plus tard, la surprise augmente quand elle l'entend demander à la maîtresse pourquoi sa maman est encore là ! Pour qui est-ce difficile ? Ce garçon allait souvent à l'école pour accompagner l'aînée et il avait envie d'y aller à son tour. C'est aussi ce qui s'est passé pour Robin : chaque jour, il allait à l'école chercher le fils de sa nounou, entrait dans la classe, discutait avec la maîtresse, parfois s'asseyait et faisait des dessins. Pour son entrée dans cette école, il était prêt. Quand il a déménagé avec ses parents, il a gardé ses habitudes dans sa nouvelle école ! Il connaissait une classe et une école et c'est comme s'il les connaissait toutes.

L'attachement

L'attachement est une base de sécurité. Pour les animaux, c'est une fonction de protection du jeune par la mère. Le parent est la source de sécurité qui aide le jeune enfant à réguler ses émotions (peur, colère, tristesse, etc.). Un parent sécurisant est caractérisé par l'accessibilité, la disponibilité, la sensibilité, le répondant, la prévisibilité. C'est ce qui permet à l'enfant de gagner en autonomie, en ouverture, en résilience et en estime de soi. **Un enfant peut être sécurisé avec son père et pas avec sa mère ou vice-versa.** Cette capacité à se sécuriser avec une personne dépend de l'histoire relationnelle spécifique entre les individus (enfant-parent ou homme-femme, etc.). Face à un bébé qui pleure, les hommes ont les mêmes réponses psycho-physiologiques (réactions inconscientes du corps) que les femmes. Mais en société, ils réagissent parfois différemment en raison des rôles sociaux établis par leur culture.

EXISTE-T-IL UN ÂGE « CLÉ » POUR UN ATTACHEMENT DE QUALITÉ ?

On a longtemps pensé que l'attachement « secure » était impossible après le 2e semestre de vie du bébé. En fait, l'enfant est « plastique » et peut s'adapter à tout âge. Les chercheurs constatent que la période dite sensible n'est pas figée. Un enfant adopté vers 2 ou 3 ans s'attache à ses nouveaux parents.

EN QUOI EST-CE UTILE POUR VIVRE EN SOCIÉTÉ ?

L'attachement donne la sécurité nécessaire à l'enfant pour qu'il soit « bien dans sa peau », et qu'il puisse explorer le monde extérieur. La sécurité procure de la disponibilité affective. Une étude concernant des enfants qui entrent dans un nouveau milieu social (jardin d'enfants, maternelle) a révélé que :

- les enfants ayant un attachement sécurisé étaient empathiques, apaisants, avec une bonne estime d'eux-mêmes, et les éducateurs étaient plus chaleureux avec eux.
- les enfants ayant un attachement anxieux avaient un autre comportement : ils avaient tendance à se moquer des autres, voulaient retenir l'attention ou étaient préoccupés par eux-mêmes, étaient agressifs, se posaient en victimes et les éducateurs étaient plus infantilisants avec eux.

• si un enfant ne veut pas aller vers l'extérieur, il est préférable de renforcer ou créer un attachement sécurisé avec l'adulte plutôt que de l'en séparer (placement à la crèche, essai de diminuer les liens avec la mère jugés trop fusionnels).

QUEL EST IMPACT SUR L'ADULTE QU'IL SERA ?

Si le jeune enfant a été sécurisé (s'il a pu exprimer ses émotions et recevoir du réconfort), il sera un adulte « secure » bénéficiant de prédispositions pour avoir un comportement relationnel sécurisé (positif, agréable, assuré). **En général, les parents « secure » ont des bébés « secure ».**

COMMENT SE MANIFESTE L'ATTACHEMENT DU PARENT À SON ENFANT ?

Un adulte attaché à son enfant est impliqué émotionnellement et reconnaît ses besoins tout en gardant un juste équilibre : « Mon bébé est une personne ». Le petit humain peut alors s'adapter à divers modes de vie. L'imagerie médicale montre que tout individu a une prédisposition, un équipement physiologique à vouloir s'occuper de jeunes qui ne sont pas les siens. Par exemple, durant la grossesse, le corps de la mère secrète plus d'ocytocine (hormone de l'attachement) et celui du père également.

QUELQUES MOTS-CLÉS

- Sécurité.
- Pas de période critique pour nouer un attachement mais des périodes plus sensibles que d'autres.
- Ne pas tout ramener au passé ni aux parents.

Dr Anne Clémence, médecin départemental de PMI.

Les questions difficiles à poser

Peuvent-ils avoir une couche pour la sieste ?
En général, non.

Les aide-t-on à la cantine ?
En général, oui.

Peuvent-ils avoir une sucette ou un doudou pour la sieste ?
Oui, Doudou et Dame Sucette sont importants pour les temps de sommeil et de repos. Mais les enfants qui gardent la sucette en bouche en dehors de ces moments sont souvent ceux qui parlent le moins bien.

Louis aura 3 ans en décembre. Tout l'été, ses parents lui disent « Maintenant tu es un grand garçon, tu vas bientôt aller à l'école ! ». Arrive le mois de septembre avec le jour de la rentrée et là, c'est lui qui parle : « Louis pas grand garçon, pas école ! ».

Peut-on apprendre à l'enfant à contrôler ses émotions ?

» Non, parce que c'est biologique, c'est son corps qui réagit à un événement : rougeurs, sueurs, tachycardie. Les sentiments viennent après l'émotion, c'est le ressenti qui dure. Quand un enfant pleure, accueillir cette émotion le rend plus fort.

TRUCS ET ASTUCES POUR QUE L'ENFANT SE SENTE EN SÉCURITÉ AVEC SON PARENT

- Le connaître, le voir très régulièrement, si possible tous les jours.
- Savoir qu'il peut compter sur lui quoi qu'il arrive et qu'il sera réconforté.
- Se sentir aimé par lui, sans condition, et le voir heureux.
- Se savoir regardé/observé par lui et le voir s'émerveiller de ce qu'il est et de ce qu'il fait.
- Se savoir écouté par lui et l'entendre prendre au sérieux ce qu'il dit.
- Se savoir désiré par lui et le sentir « fondre » quand il câline et réconforte.
- Se trouver intéressant à ses yeux, valorisé et encouragé.
- Passer du bon temps ensemble à jouer, à se promener, à s'enthousiasmer.
- Partager des moments privilégiés et réguliers avec lui.
- Faire ensemble des constructions, des dessins, de la cuisine, danser et courir.

Un petit de fin d'année en petite section

Cette année, j'ai été marquée par un petit garçon entré en petite section à l'âge de 2 ans et demi (il est de la fin de l'année). Je le vois encore, collé à la maîtresse dans la cour de récréation, avec sucette et doudou. Il pleurait, l'air apeuré, et refusait qu'on l'approche. Il m'a fait penser à mon fils de 6 mois tellement il avait une tête de « bébé ». Pourquoi était-il dans cet état ? Y avait-il trop d'adultes ? Trop d'enfants ? Avait-il du mal à se détacher de ses parents ?

Aujourd'hui, en janvier, il n'a plus cette attitude, joue avec ses camarades, veut bien faire ce que la maîtresse lui demande. Il a eu 3 ans en décembre. Cela ne va pas vous surprendre, mais les enfants sont tellement différents que j'ai eu envie de faire un petit résumé. Il y a :

- les petits parleurs, que l'on n'entend pas et ceux qui parlent tout le temps.
- ceux qui ont lâché leur doudou très tard et ceux qui n'en ont jamais eu.
- ceux qui tapent beaucoup et ceux qui ne tapent jamais (ceux qui tapent ont souvent un retard de langage, est-ce une manière de communiquer ?).
- ceux qui parlent beaucoup de chez eux et de ce qu'ils font avec leurs parents et grands-parents, ceux qui ne le font jamais.
- ceux qui sont très intéressés par les livres et ceux qui ne les aiment pas.
- ceux qui viennent beaucoup voir la maîtresse, qui ont besoin qu'elle soit près d'eux et d'autres qui en ont moins besoin.
- ceux qui pleurent le matin en arrivant et ceux qui n'ont jamais pleuré.

CONSEILS AUX PARENTS D'ENFANTS EN PETITE SECTION

Votre enfant a besoin de savoir que vous allez revenir, que vous ne le laissez pas « pour toujours ». L'entendre de votre part le réconforte. Il aura plus envie d'aller à l'école s'il sait ce qu'il va y faire : jouer avec d'autres enfants, utiliser des jeux qu'il n'a pas chez lui, chanter, écouter des histoires qu'il ne connaît pas encore. Savoir que vous penserez beaucoup à lui permet d'accepter la séparation (j'ai réussi à calmer une élève en lui répétant que sa maman pensait très fort à elle à son travail). Si cette séparation est difficile avec de gros pleurs en arrivant à l'école, un petit câlin, un mot doux apaisent les craintes et font cesser les larmes dès que votre enfant ne vous voit plus (ceci s'applique après le mois de septembre !). Votre enfant est confiant quand les adultes qui l'entourent se font confiance, communiquent et s'entendent bien. S'il entend dire du mal de la maîtresse ou du maître, il se sent moins en sécurité et son comportement peut en être affecté. De même, s'il entend des menaces comme « Si tu n'es pas sage, tu restes à l'école ! » il en aura peur et sa scolarité sera plus compliquée. Votre enfant identifie ses nouvelles capacités en vous montrant ce qu'il a appris : c'est cela qui le fait grandir. Quand il met des mots sur ce qui va bien, il est serein et quand il en met sur ce qui lui est difficile, il demande de l'aide.

Julie, enseignante en maternelle.

Léonie (4 ans) a passé une visite médicale à l'école et cela semble s'être bien passé. Pour nous parler du médecin scolaire qu'elle a vu, elle dit soit « le médecin colère » soit « la madame polaire » ! Mais que devient l'ours polaire pour Léonie ? « Un ours scolaire ! » évidemment…

PARTAGE D'EXPÉRIENCE

1re entrée à l'école

À 3 ans, Luca faisait sa 1re entrée à l'école. Pour ne pas avoir une trop longue journée en collectivité, une nourrice le prenait à la fin de la classe, le ramenait chez nous et s'en occupait jusqu'à ce qu'on rentre. Malheureusement, après quelques jours, la nourrice a décidé de changer de travail. Nous devions en urgence prendre une décision, et nous avons choisi de laisser Luca au centre de loisirs en horaires élargis.

Notre fils était alors devenu très difficile, même à l'école, entrant dans des colères incontrôlables de façon répétée. On le sentait fatigué, vite irascible. Il nous inquiétait. À la réflexion, il était devenu évident qu'il manquait de sommeil, de temps de calme. Il fallait revoir encore notre organisation pour qu'il puisse se reposer et récupérer ! L'équipe du centre de loisirs a ménagé un espace pour qu'il fasse la sieste à la place des activités le mercredi et la nourrice de sa sœur a accepté le relais de celle qui nous avait quitté. Luca est redevenu paisible, les colères se sont espacées avant de disparaître.

Carine, maman de Luca, 5 ans et Cloé, 2 ans.

LE CONSEIL DU PÉDIATRE

Plus un enfant est « difficile », plus il a quelque chose à faire comprendre.

POUR ALLER PLUS LOIN

Côté parents

- *Petite école, grande rentrée. L'enfant et la maternelle,* Dr Myriam Szejer, Éd. Bayard, 2011.

À consulter

- http://www.les-supers-parents.com/tout-ce-que-vous-devez-savoir-sur-l-entree-en-maternelle/.

Côté enfant

- *P'tit Loup rentre à l'école,* Orianne Lallemand, Éd. Auzou, 2013.
- *Vive l'école !,* Stéphanie Piffaretti, Éd. Kididoc, 2012.
- *Tom va à l'école,* Marie-Aline Bawin, Christophe Le Masne, Éd. Mango, 2012.
- *La Rentrée à la maternelle,* Didier Dufresne, Armelle Modéré, Éd. Mango, 2007.
- *C'est mon imagier – l'école,* Cynthia Thiery, Séverine Cordier, Éd. Mango, 2014.

Quand la famille change

Quand naît un autre enfant, des besoins différents

» Un enfant aura besoin de temps pour trouver sa place et de nouveaux repères quand un nouvel enfant arrive dans la famille. Ceci prend du temps et chacun a sa mesure du temps.

Le nouveau bébé et l'enfant plus grand ont des attentes et des besoins différents. Ils n'ont pas le même rythme. L'aîné voit que le petit bébé monopolise sa mère, il peut se demander : qu'en est-il de son amour ? Est-il partagé lui aussi ? Il a besoin d'être rassuré : le cœur des parents grandit avec le nombre d'enfants, c'est ce qui fait qu'il y a de la place pour chacun. Ouf !

Sa mère attend un bébé. Sylvain lui demande : « Dis maman, c'est quand que j'aurai mon grand frère ? »

Sylvain, 33 mois.

TRUCS ET ASTUCES DE PARENTS

- Les héros de livres d'enfants sont une mine d'informations dans ce type de situation : votre enfant y trouvera de quoi se rassurer.
- L'album photo de votre enfant raconte sa naissance : que c'est intéressant pour lui d'entendre une histoire qui le concerne directement !
- Aller rendre visite à un nouveau-né ou à un petit nourrisson est bien instructif, une sorte de passage de la théorie à la pratique...

Une "formation" accélérée

Si l'écart d'âge est peu important, l'aîné a droit à une formation, prise en charge par les parents à « l'université du 1er âge » avec trois stages à valider : Un bébé c'est quoi ? À quoi ça sert ? Comment ça fonctionne ?

Au terme de ce cursus, le (très) jeune étudiant sera diplômé en « gestion de bébé » et aura appris :

- que c'est toujours aux adultes de s'occuper du bébé.
- qu'être bébé a des avantages et des inconvénients.
- qu'il ne sait pas marcher, ni courir, ni grimper : les adultes doivent le porter.
- qu'il ne sait pas manger seul : il faut le nourrir (au sein ou au biberon).
- qu'il ne sait pas parler : il pleure pour dire qu'il a besoin de quelque chose.
- qu'il est vite fatigué : il faut le laisser dormir, et faire peu de bruit autour de lui.
- qu'il est fragile : les mains sont systématiquement lavées avant de le toucher.
- qu'il est trop petit pour sortir : il reste à la maison pour grandir, et c'est souvent avec Maman...
- que de toute façon, il faut faire avec...

Alors que sa petite sœur Noémie venait de naître : « Moi ch'ui un bébé. Ch'ui pas un grand. C'est pas bien d'être un grand. »
Arthur, 2 ans et demi.

L'avis du spécialiste

Faciliter le changement

L'enfant, par essence, est changement, surtout entre 0 et 3 ans. **Il y est prêt, bien plus que l'adulte :** il vit des changements en permanence, dans son corps, dans sa vie, dans ce qu'il voit... Qui peut dire si la fin d'un jeu pour un enfant est un changement moins important que l'arrivée d'un frère ou d'une sœur ? Ce n'est pas l'évènement qui est un problème, un enfant est surtout sensible au fait que ses parents changent. Et ces nouveaux parents (ou futurs nouveaux parents), l'enfant ne les connaît pas, les parents eux-mêmes d'ailleurs ne se connaissent pas. Ils ne peuvent pas savoir comment ils seront avec un deuxième enfant : disponibles, inquiets, fatigués, galvanisés ?

Il est bon de parler à l'enfant, de lui dire ce qu'il se passe : « Je suis moins disponible, parce que tu vois avec ce bébé qui arrive et qui pleure la nuit, je dors moins, alors je suis fatiguée et je m'énerve plus vite. Comme toi, ça t'arrive de pleurer plus ou de crier plus quand tu es fatigué ». Encore faut-il pouvoir verbaliser ses émotions à son enfant : si on les connaît, il ne faut pas hésiter à les lui dire, pour qu'il arrive à identifier ses nouveaux parents, à faire connaissance et savoir comment s'y prendre avec eux.

C'est par notre présence, en écoutant ce qu'il dit, en accueillant ce qu'il perçoit des changements, que nous aidons notre enfant à faire une expérience constructive.

Si par exemple il veut mettre son frère à la poubelle, on peut lui demander dans quelle poubelle il veut le mettre : celle à verre, cartons ou autre, comment il va s'y prendre, et comment ça se passera pour lui sans son petit frère. C'est plus constructif pour lui que de le punir, ou de lui dire que c'est mal de penser comme il pense. Il comprendra de lui-même en parlant avec vous.

Carole Pignotti, psychologue.

Lorsque le couple va mal, une étape douloureuse

» Étape difficile de la vie, la séparation est une source d'angoisse pour petits et grands. L'enfant se demande ce que sera la vie avec Papa et Maman séparés, comment se sentira-t-il dans ses deux maisons, s'y sentira-t-il chez lui ?

Ce n'est pas tant la séparation des parents que la manière dont ils vont gérer cette séparation qui perturbe les enfants. Comment protéger son enfant de ses conséquences ?

Comment gérer la coparentalité au quotidien

Après leur divorce, certains parents collaborent de manière pacifiée pour le plus grand bien de leur enfant. À l'inverse, il arrive que la mésentente domine et que l'enfant joue un rôle d'otage ou d'allié : quelle place difficile pour lui !

Peu importe le côté duquel on se trouve (celui/celle qui part, celui/celle qui reste), une bonne coparentalité est essentielle pour l'enfant. Les rapports de force ne servent qu'à empirer des situations de crise et engendrent du stress.

« Avant, c'était toujours ma maman qui venait me chercher à l'école… Maintenant, c'est Papa ou Maman, chacun son tour ! »

Pour toute une génération d'enfants, le divorce ou la séparation des parents se traduisent souvent, dans les faits, par la relégation du père à un rôle secondaire, quand ce n'est pas son éviction complète dans presque tous les domaines. Pourquoi ? Des raisons historiques, sociales ou juridiques font qu'un enfant sur trois environ ne voit plus son père après une rupture.

La loi et le droit

La loi et le droit ont leur mot à dire, mais que sait-on de l'impact de la séparation sur le développement de tous les enfants qui la subissent ? **Les enfants de la séparation ont besoin de leurs deux parents,** et il est possible, concrètement, moyennant quelques mesures précises et une certaine évolution des mentalités, d'atténuer les difficultés, parfois les drames, qui surviennent à l'occasion d'une rupture parentale.

Avoir recours aux médiateurs familiaux permet d'offrir cet espace de sécurité émotionnelle où peuvent se dénouer les situations conflictuelles dommageables pour les enfants. L'enfant a le droit de vivre avec ses deux parents, même après leur séparation.

TRUCS ET ASTUCES

- Se mordre la langue plutôt que de dire du mal de l'autre parent devant l'enfant.
- Ou en faire un challenge : 21 jours sans dire du mal de l'autre !
- La médiation familiale aide à dialoguer et à trouver des solutions acceptables pour tous.
- Ouvrir un joli cahier, y déposer sur la page de droite la photo de Papa et son univers (le salon, la cuisine, la chambre de l'enfant, les sorties avec lui et le doudou) et sur la page de gauche la photo de Maman et de son univers. Comme cela, en vis-à-vis, l'enfant les unifie, ils sont désormais les siens.
- Avoir un sac avec les objets/doudous qui font le lien entre ces deux univers et que l'enfant amène chez l'un et chez l'autre.

LE CONSEIL DU PÉDIATRE

Ce n'est pas tant la séparation des parents que la manière dont ils vont gérer cette séparation qui perturbe les enfants.

PARTAGE D'EXPÉRIENCE

Les week-ends sans bébé

C'est dur, voire invivable. Une fois que cela est intégré, on se doit de ne pas mollir. Je me suis vite dit que ce temps sans mon fils devait m'être utile. Je prévois généralement une liste de choses à faire. Je suis prise le plus souvent d'une compulsion d'achats que j'essaie de contrôler. Elle m'aide à compenser le manque et l'angoisse. C'est le temps des courses, du ménage, du boulot, des papiers, des comptes, bref de tout ce qui pourrait prendre du temps lorsque je suis avec mon enfant. Je cuisine et congèle. Ces préparatifs me rassurent. Pour communiquer avec son papa, je fais un « cahier de vie » avec les éléments essentiels. J'y suis factuelle et explique comment vit notre enfant. Je suis la seule à écrire mais au moins l'information dont il pourrait avoir besoin est là. La communication est rompue, nous devons quand même communiquer en gardant notre histoire de côté, dans l'intérêt de notre enfant. C'est difficile mais essentiel. Il faut aussi aller consulter un spécialiste et faire suivre son enfant si on sent que cela est nécessaire : je suis personnellement suivie et je demande des conseils pour mon fils. Cela m'aide et me renforce.

Le matin du départ, je lui parle et je fais la valise avec lui en lui montrant ce que je mets dedans (dont certains jouets car j'imagine que cela le rassure... une partie de son monde part avec lui). Je lui dis au revoir avec le sourire, sans montrer de signe négatif.

Quand il revient, nous allons directement sur le tapis dans sa chambre. Il faut du temps pour qu'il retrouve son espace. De moins en moins. Je ne montre rien de mes émotions à part la joie de le retrouver... sans le brusquer. Après nous reprenons le plus rapidement possible notre rythme et nos habitudes.

Séverine, maman d'Antoine, 18 mois.

POUR ALLER PLUS LOIN

Côté parents

- *Enfant libre ou enfant otage ?*, Jacques Biolley, Éd. Marabout, 2014.
- *Être parents après la séparation*, Jacques Biolley, Éd. Hachette, 2012.
- *Le père et l'enfant à l'épreuve de la séparation*, Jean Le Camus & Michèle Laborde, Éd. Odile Jacob, 2009.

Côté enfant

- *Chez Papa et chez Maman, mes deux maisons*, Mélanie Walsh, Éd. Gallimard Jeunesse, 2012.
- *Lou a deux maisons*, Marie-Aline Bawin, Éd. Mango, 2014.

À quoi pense un jeune enfant quand on lui parle de déménagement ?

» Est-ce que ses affaires vont aussi déménager ? Est-ce qu'on ne risque pas de partir sans lui ? De le laisser tout seul dans l'ancien appartement ou dans l'ancienne maison ? Comment se sentir en sécurité au cœur de toute cette agitation ?

Même tout jeune, votre enfant a besoin de savoir pourquoi il déménage et comment cela va se passer. L'associer aux aspects pratiques a de l'importance, même s'il ne comprend pas tout : les cartons, les préparatifs, les visites, dire au revoir, la nouvelle crèche ou école... Que d'émotions à ressentir ! C'est à la fois excitant et inquiétant, amusant et triste de quitter un lieu et des personnes connues. S'il aime les histoires, il pourra s'identifier au héros qui déménage, dans plusieurs livres écrits et illustrés sur ce thème pour des enfants. Quand il aura bien compris que les gens qui l'aiment et qui s'occupent de lui continueront à faire partie de sa vie, il sera prêt pour l'aventure. Et son doudou avec lui !

PARTAGE D'EXPÉRIENCE

L'adaptation à un nouveau lieu

Lorsque notre fille avait 27 mois, nous avons dû déménager de notre maison à la campagne pour un appartement en ville.

La première semaine de notre emménagement, elle eut un sommeil agité et de nombreux réveils nocturnes. Elle se levait dans la nuit sans bruit pour venir devant notre lit, elle semblait être perdue. Elle avait besoin d'être rassurée.

Le temps d'obtenir une place en crèche, elle fut gardée à la maison pendant quatre mois. J'ai eu la chance de m'en occuper car j'étais à ce moment-là en congé parental pour sa petite sœur de 3 mois. Ensuite, ma fille a dû s'adapter, se faire aux nouvelles habitudes de la nouvelle crèche et se faire de nouveaux copains. Ce changement fut très positif pour elle car il se trouve qu'elle s'y sentait très bien, même mieux que dans la précédente. Elle y était épanouie, elle est devenue propre en trois jours et s'est libérée de beaucoup de choses.

Sophie, maman de Loïse, 27 mois.

LE CONSEIL DU PÉDIATRE

Lors d'un déménagement, l'aider à comprendre que les gens qui l'aiment et qui s'occupent de lui continueront à faire partie de sa vie le prépare à cette aventure.

L'avis du spécialiste

L'expérience du changement

Les parents accueillent en permanence par leurs paroles et leur écoute l'expérience du changement que fait leur enfant, que ce soit la fin d'un biberon, le départ de Papa au travail, ou un déménagement…
Le vécu du déménagement est différent pour l'enfant de celui de ses parents. Comme eux, il change d'environnement, il peut être surpris de trouver des parents différents, peu disponibles, préoccupés par les changements, les travaux à faire, etc. Les parents eux-mêmes ignorent comment ils vont réagir pendant cette période et ne peuvent l'appréhender qu'a posteriori. Une fois bien installés, il n'est pas trop tard pour demander à l'enfant comment il a vécu ce déménagement et quels sont les avantages de sa nouvelle vie.

Carole Pignotti, psychologue.

« Bon, c'est bien ici, dit Robin, mais quand est-ce qu'on retourne à la maison de Pessac ?
– Pourquoi ? lui demande sa mère.
– Parce que celle-là, elle est pas belle, et il faut faire des travaux ».

Robin, 3 ans et demi.

TRUCS ET ASTUCES

- Dès la confirmation du déménagement, penser à trouver un nouveau mode de garde en contactant la mairie de votre future ville.
- En amont, expliquer simplement à l'enfant ce qui va se passer. Mettre l'accent sur les avantages de ce déménagement (vivre à côté de son parc préféré, à côté de sa mamie). Expliquer aussi que toutes les affaires suivraient (oui, même son lit et ses jouets !).
- La veille du déménagement, faites garder l'enfant par une personne proche, avec qui il se sent bien, afin qu'il ne voit pas tous ces cartons ni toute cette agitation.
- Le jour de l'emménagement, donner la priorité à sa chambre. La réinstaller au plus vite comme à l'identique, afin de créer un espace familier et rassurant dès la première nuit.

À la découverte de sa famille élargie

» Votre enfant grandit et s'intéresse de plus en plus au monde qui l'entoure. Quoi de plus rassurant pour lui que de découvrir qu'il fait partie d'une famille, avec des cousins et cousines, des oncles et tantes, des grands- parents, et plus encore ? Comprendre que ses parents ont été petits lui ouvre les portes d'une connaissance qui l'aide à grandir.

Qui est qui dans la famille ?

En quoi est-ce important pour les enfants de connaître leurs grands-parents ? Un enfant dont les grands-parents sont créateurs de liens entre les différentes générations s'enracine dans l'histoire familiale. Il peut trouver à leurs côtés un espace de rencontre pour ses oncles et tantes, ses cousins et cousines, ses arrière-grands-parents, etc.

« Mamie, raconte moi Maman quand elle était petite... »
Émilie, 2 ans 10 mois.

À 3 ans, il est souvent capable de dire que le cousin Antoine est le fils de tonton Pierre et de tatie Hélène, elle-même fille de Mamie Catrinou et de Papi Jean-Paul, ou de savoir que Grand-Mamie Simone est la maman de Mamie Framboise, qui est la maman de Maman. Pourtant c'est bien compliqué ! Le lecteur est peut-être déjà perdu...

Que peuvent-ils en retirer ? Ont-ils une meilleure conscience d'eux-mêmes ? Votre enfant construit petit à petit son identité et les valeurs sur lesquelles il va fonder son existence. En grandissant, aidé par ses grands-parents, il peut faire le lien entre le passé et le présent de sa famille et de la société dans laquelle il vit. De leur complicité construite avec humour et tendresse et de leur regard admiratif sur sa petite personne, il se sent fort et cela lui servira même adulte. Mais surtout, les grands-parents, ça raconte des histoires. Ils sont une armoire à souvenirs.

TRUCS ET ASTUCES

- Votre enfant peut aimer voir défiler les photos d'un album papier ou numérique.
- Les rencontres entre cousins (cousinades) sont un bon moment pour s'amuser et pour connaître sa famille.
- Savez-vous ce qui sont les Chouetouf au pays des Anciens ? Eh bien, ce sont les petits-enfants : « Chouette, il arrivent ! Ouf, ils s'en vont ! »

Rivalités entre parents et grands-parents ?

Est-ce que l'attachement aux grands-parents nuit à l'attachement aux parents ? Les grands-parents ont une place irremplaçable mais ils n'ont pas à se substituer aux parents. Votre enfant a besoin pour bien construire son identité que celle de chacun dans la famille lui apparaisse clairement et que les rôles soient bien définis entre parents et grands-parents. L'amour des parents pour leurs enfants grandit en même temps que le nombre d'enfants, il ne se partage pas. L'amour des enfants pour leurs parents et leurs grands-parents est de la même étoffe. Le cœur des enfants est assez grand pour battre pour tous ceux qui lui apportent sécurité, affection et soutien.

Un enfant qui voit souvent ses cousins et ses cousines perçoit assez tôt la différence entre eux et des copains ou copines. Fréquenter ses cousins-cousines, lorsque c'est possible, a un double avantage : connaître son groupe familial en créant des relations privilégiées pour toute la vie, tout en jouant avec sa classe d'âge.

POUR ALLER PLUS LOIN

Côté enfant

- *Timotée chez Papi et Mamie*, Emmanuelle Massonaud, Éd. Gründ, 2014.
- *T'choupi dort chez Papi et Mamie*, Thierry Courtin, Éd. Nathan, 2012.
- *La Pêche à la lune*, Séverine Vidal-Barroux, Éd. Mango, 2016.

À consulter

- École des grands-parents européens (EGPE), www.egpe.org

« Papa marié avec maman. Papa déguisé avec maman. »

Arthur, 2 ans et demi, devant la photo de mariage de ses parents.

Encore plus que nous, un enfant n'est rien sans les autres

» « *C'est quoi l'amitié? C'est une île aux trésors* », chante Aldebert. La vie est faite de rencontres. Appartenir à un groupe social est vital pour l'être humain et plus encore pour l'être humain en devenir. Quoi de plus stimulant que de rencontrer des copains et copines de son âge ? Voir ailleurs comment la vie se passe, comment d'autres pensent et vivent le monde. Petit à petit, votre enfant fait là aussi ses premiers pas et devient de plus en plus autonome et actif !

Comment un enfant devient sociable ?

Quand votre enfant est en relation avec les autres, vous, sa famille élargie, ses pairs et d'autres encore, il apprend la vie. Aller à la crèche, au parc, à la garderie, à la piscine, aux ateliers parents-enfants et dans bien d'autres endroits, contribue à l'introduire dans la vie en société. D'après Alan Leslie de l'université Rutgers, notre cerveau, résultat de l'évolution des espèces, posséderait de façon innée un « module de théorie de l'esprit » : cela nous sert à élaborer des théories sur la façon dont nous et les autres pensent ; c'est cela qui nous permettrait de comprendre et de prédire les comportements et les émotions des autres dont la dynamique est souvent complexe. Votre enfant comprend très tôt que l'autre, comme lui, a des désirs, des états d'âme, des croyances, etc.

Une tendance naturelle à l'entraide

Félix Warneken et Michael Tomasello, anthropologues, ont montré dans une étude révolutionnaire que « les très jeunes enfants ont une tendance naturelle à aider les autres, même des étrangers, sans en attendre aucun bénéfice ». Dès 18 mois, sachant tout juste dire quelques mots, des enfants aidaient spontanément un adulte inconnu à atteindre un certain nombre de buts et étaient capables de déterminer à quel moment une aide était nécessaire. Par exemple, si l'adulte peinait à ouvrir un placard alors qu'il avait les mains pleines, les enfants l'ouvraient sauf si l'adulte avait auparavant posé sur le placard ce qu'il avait dans les mains. Ces enfants étaient capables de faire la différence entre quelqu'un qui avait réellement besoin d'être aidé ou pas.

À partir de quel âge peut-on parler d'amitié ?

À la crèche, au fur et à mesure qu'ils grandissent, les enfants jouent entre eux, mais les premières amitiés se dessinent à la maternelle. Et changer de copains, pour un tout-petit, c'est faire l'expérience de relations très diverses qui l'aide à se construire.

TRUCS ET ASTUCES DE PARENTS

- Il existe plein d'autres façons d'avoir des copains : aller à la bibliothèque, à la ludothèque, à la piscine, au parc, etc.
- Une comptine pour comprendre qu'on est plus fort avec un copain que seul :

COMPTINE

Quand je compte sur mes doigts,
Je peux aller jusqu'à dix,
Si tu ajoutes les tiens,
Nous irons jusqu'à vingt !

Damien, 3 ans, revient de l'école un gros bleu sur la pommette. Papa : « Mais que t 'est-il arrivé, mon chéri ? » Damien : « C'est une fille très belle et très méchante qui m'a frappé ! »

POUR ALLER PLUS LOIN

Côté parents

- *Amis ou copains, l'amitié chez les petits,* Catherine Graindorge, Éd. Érès, 2006.

Côté enfant

- *Timotée fête son anniversaire,* Emmanuelle Massonaud, Éd. Gründ, 2015.
- *T'choupi fête son anniversaire,* Thierry Courtin, Éd. Nathan, 1999.
- *T'choupi n'aime pas la bagarre,* Thierry Courtin, Éd. Nathan, 2015.
- *Patatras !,* Philippe Corentin, Éd. l'école des loisirs, 1997.
- *Chamaille,* Kathrin Schärer, Marie-Claire El-Saleh, Éd. Âne Bâté, 2015.
- *Les Bons Amis,* Paul François, Gerda Muller, Éd. Père Castor Flammarion, 1999.
- *Nina veut un animal,* Christine Naumann-Villemin, Marianne Barcilon, Éd. l'école des loisirs, 2014.

Index

Remerciements

Les livres de la collection « Un pédiatre à la maison » sont à l'image de ce qu'est une consultation de pédiatrie, un échange d'histoires, de paroles et d'expériences, entre petits et grands. Ils ont une âme, l'âme de celles et ceux qui l'ont écrit et l'en imprègnent : ils ont eu à cœur de partager leurs expériences et leur savoir. On y trouve aussi l'âme de ces très jeunes enfants, témoins vivants de l'aventure fascinante de l'histoire de l'humanité : leurs pensées sont un chemin d'émotion vers l'enfant qui est en chacun de nous. Je félicite petits et grands pour la qualité de leur message, et je les en remercie chaleureusement.

Cette belle aventure collective a démarré sous l'impulsion de l'auteur jeunesse Pascale Pavy et de l'éditrice Julie Cot. Elle a été possible grâce au soutien indéfectible de mon mari et de ma famille, petits-enfants inclus. Elle se poursuit avec mes fidèles compagnons de route Isabelle Bouffard et Kaméliya Vasileva, et celles et ceux qui m'accordent leur confiance. Je remercie Emmanuelle Rondeleux pour ses conseils précieux.

Mille mercis aux enfants, aux parents et à tous les professionnels qui ont eu à cœur de participer à ce livre.
Et en route pour de nouvelles aventures…

Les mots d'enfants :
Arthur, Damien, Émilie, Johanne, Léonie, Louis, Maëlle, Robin, Sylvain.

Les partages d'expérience des parents et grands-parents :
Aurélie, Carine, Didier, Sarah, Séverine, Sarah, Sophie, Virginie.

Les avis de professionnels :
Agnès (assistante maternelle et présidente de l'association Galipette), Julie (enseignante en maternelle), Anne Clémence (médecin départemental de PMI), Carla Gil (assistante maternelle), Carole Pignotti (psychologue), Anne Raynaud-Postel (psychiatre adultes-enfants, directrice et fondatrice de l'Institut de la Parentalité).

Dans la même collection :

Direction : Guillaume Pô
Direction éditoriale : Tatiana Delesalle
Édition : Julie Cot
Direction artistique : Chloé Eve
Mise en pages : Catherine Le Troquier
Préparation de copie : Isabelle Bruno
Photographies : Istock
Direction de fabrication : Thierry Dubus
Suivi de fabrication : Marie Guibert

1re édition - N° d'édition : M19007
ISBN : 978-2-3170-2120-6
Code MDS : MN00212

Achevé d'imprimer en novembre 2018 par Edelvives en Espagne

Dépôt légal : janvier 2019
www.mangoeditions.com